AF195018

Impressum
Verlag: BABADADA GmbH, Nedderfeld 112 , 22529 Hamburg
Geschäftsführer / Verlagsleitung: Harald Hof
Druck: Books on Demand GmbH, In de Tarpen 42, 22848 Norderstedt

Imprint
Publisher: BABADADA GmbH, Nedderfeld 112 , 22529 Hamburg, Germany
Managing Director / Publishing direction: Harald Hof
Print: Books on Demand GmbH, In de Tarpen 42, 22848 Norderstedt

делити
kugawanya

186/2

плоча
ubao

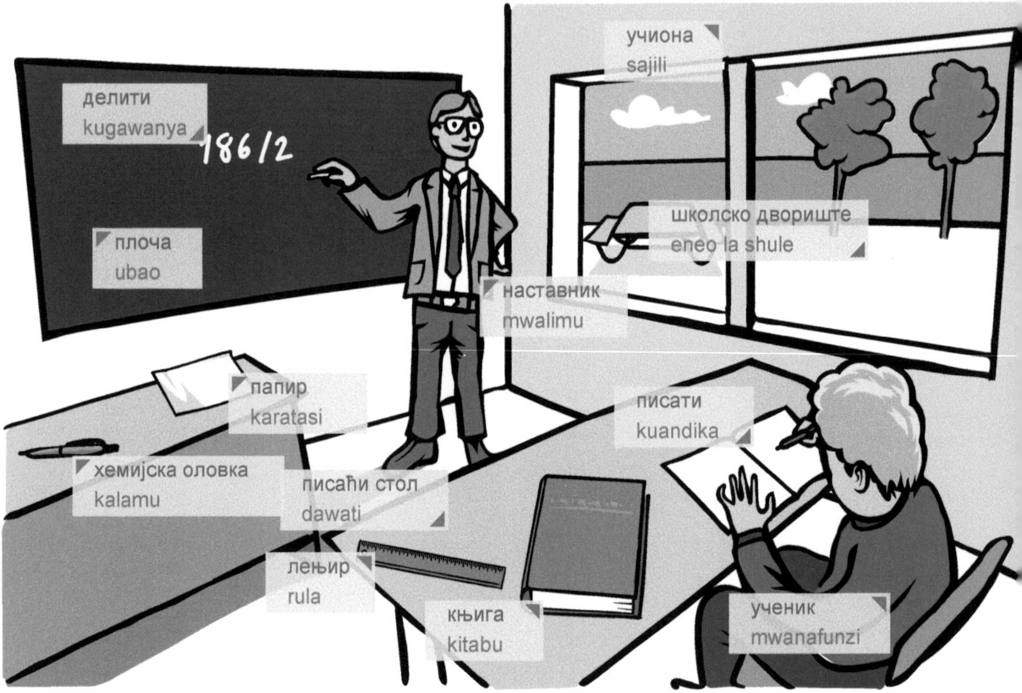

учиона
sajili

школско двориште
eneo la shule

наставник
mwalimu

папир
karatasi

писати
kuandika

хемијска оловка
kalamu

писаћи стол
dawati

лењир
rula

књига
kitabu

ученик
mwanafunzi

торба	перница	графитна оловка
mkoba	kikasha cha penseli	penseli

шиљило за оловке	гумица за брисање	блок за цртање
kichonga penseli	mpira	pedi ya kuchora

цртеж

uchoraji

кист

brashi ya rangi

кутија са бојама

sanduku la rangi

маказе

mkasi

лепило

gundi

бележница

daftari

домаћи задатак

kazi ya nyumbani

број

nambari

сабирати

jumlisha

одузимати

ondoa

множити

zidisha

рачунати

kokotoa

слово

barua

абецеда

alfabeti

реч

neno

школа - shule

3

текст

maandishi

читати

kusoma

креда

chaki

час

somo

дневник

sajili

испит

uchunguzi

сведочанство

cheti

школска униформа

sare za shule

образование

elimu

лексикон

elezo

универзитет

chuo kikuu

микроскоп

darubini

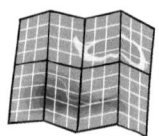

карта

ramani

кошара за папир

kikapu cha kuweka karatasi chafu

путовање
usafiri

хотел
hoteli
Grand
преноћиште
hosteli
ROOMS
мењачница
ofisi ya ubadilishanaji
EXCHANGE
кофер
sanduku
ауто
gari

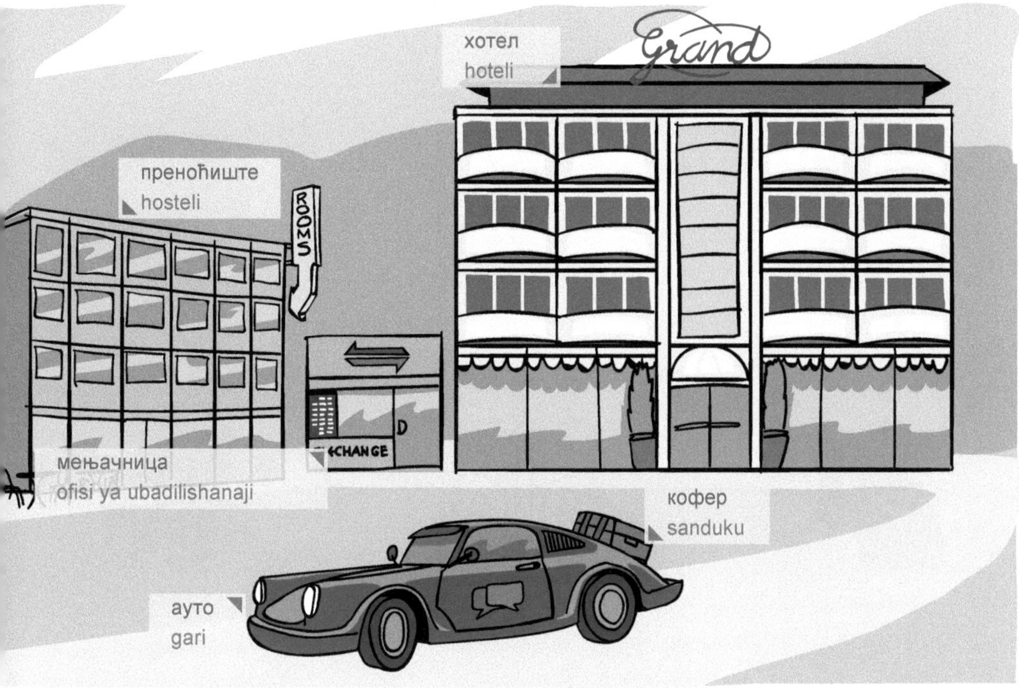

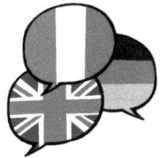

језик
lugha

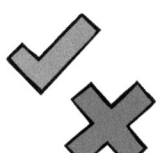

да / не
ndiyo / la

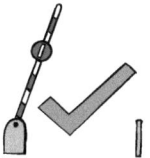

океј
sawa

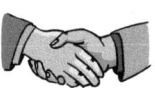

здраво
hujambo

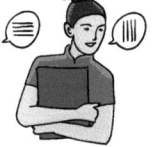

преводилац
mtafsiri

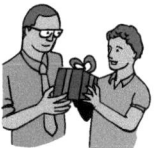

хвала
Asante

Колико кошта...?

kiasi gani ni ...?

не разумем

Sielewi

проблем

tatizo

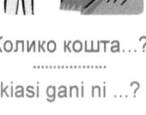

добро вече!

Jioni njema!

Добро јутро!

Habari za asubuhi!

Лаку ноћ!

Usiku mwema!

довиђења

kwa heri

смер

mwelekeo

пртљага

mizigo

торба

mfuko

руксак

shanta

гост

mgeni

соба

chumba

врећа за спавање

begi la kulalia

шатор

hema

туристичке информације

taarifa ya utalii

плажа

ufuo

кредитна картица

kadi

доручак

kifunguakinywa

ручак

chakula cha mchana

вечера

chakula cha jioni

карта за вожњу

tiketi

лифт

kuinua

поштанска маркица

muhuri

граница

mpaka

царина

mila

амбасада

ubalozi

виза

visa

пасош

pasipoti

транспорт

usafiri

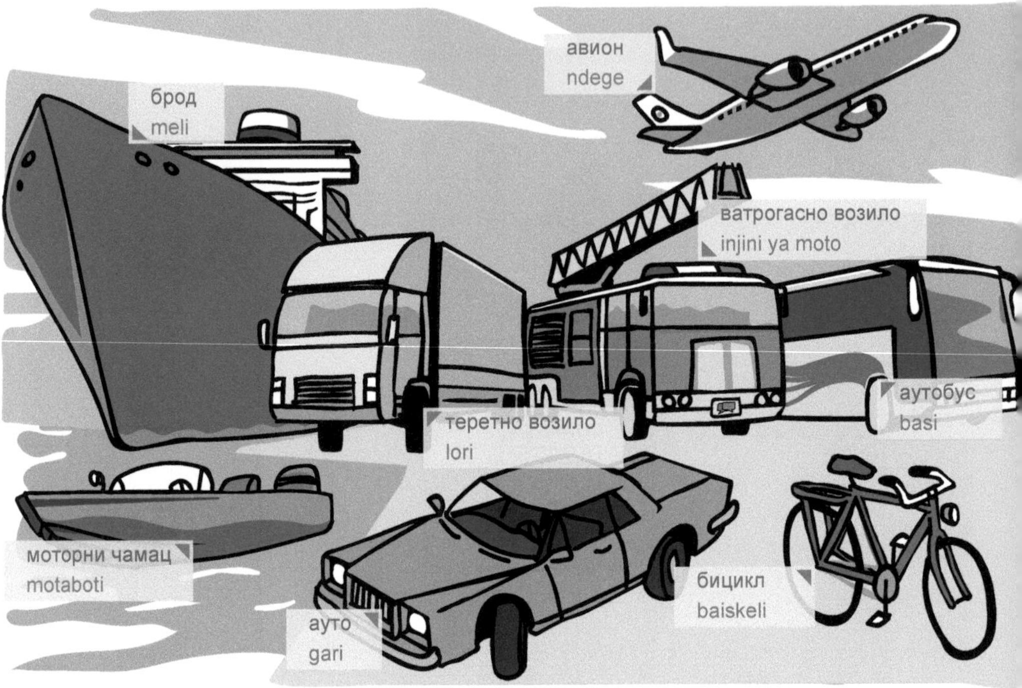

авион
ndege
брод
meli
ватрогасно возило
injini ya moto
аутобус
basi
теретно возило
lori
моторни чамац
motaboti
бицикл
baiskeli
ауто
gari

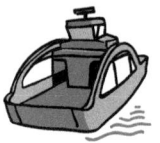

трајект

feri

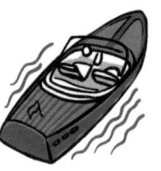

чамац

mashua

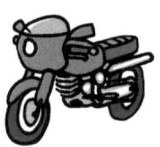

мотоцикл

pikipiki

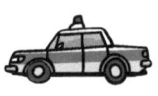

полицијски ауто

gari la polisi

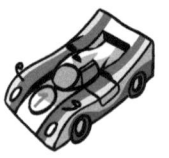

тркаћи ауто

gari la mashindano

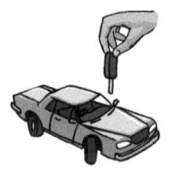

изнајмљено ауто

gari la kukodisha

деление аутомобила

kushiriki gari

вучно возило

lori la kuvuta

возило за одвоз смећа

ukusanyaji taka

мотор

motor

бензин

mafuta

бензинска станица

kituo cha mafuta

саобраћајни знак

ishara trafiki

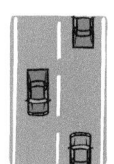

саобраћај

trafiki

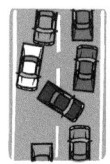

застој

msongamano

паркиралиште

maegesho

железничка станица

kituo cha treni

шине

reli

воз

garimoshi

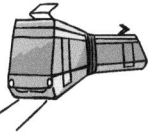

трамвај

tremu

вагон

gari la mizigo

хеликоптер

helikopta

аеродром

uwanja wa ndege

кула

mnara

путник

abiria

контејнер

chombo

картон

katoni

колица

mkokoteni

корпа

kikapu

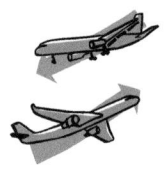

узлетети / слетети

ondoka

град

jiji

село

kijiji

центар града

katikati ya jiji

кућа

nyumba

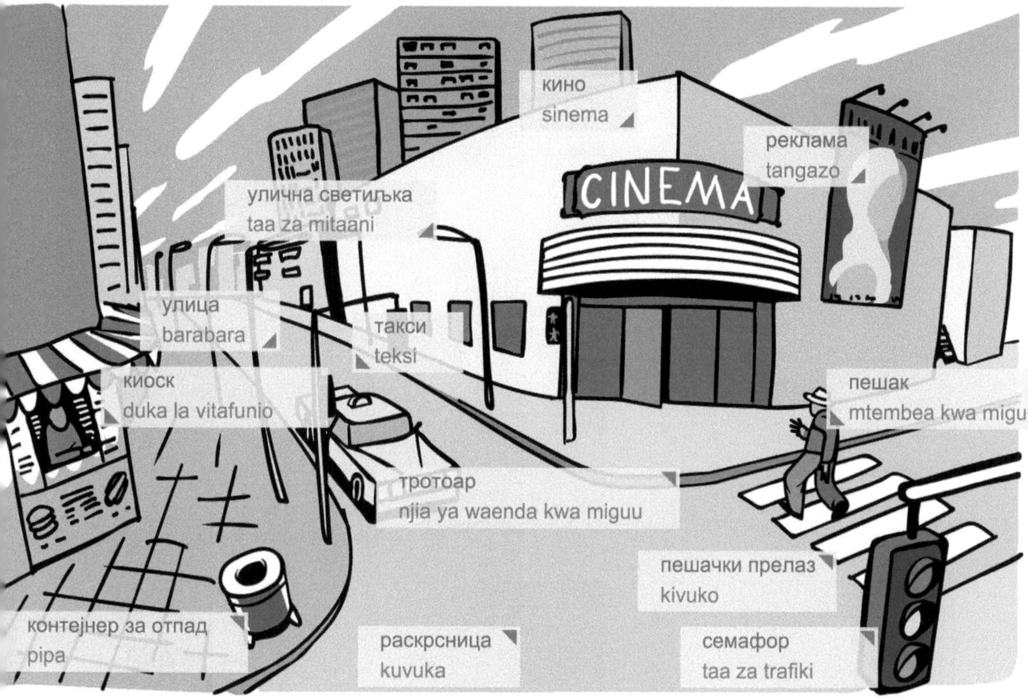

кино
sinema

реклама
tangazo

улична светиљка
taa za mitaani

CINEMA

улица
barabara

такси
teksi

киоск
duka la vitafunio

пешак
mtembea kwa miguu

тротоар
njia ya waenda kwa miguu

пешачки прелаз
kivuko

контејнер за отпад
pipa

раскрсница
kuvuka

семафор
taa za trafiki

колиба
kibanda

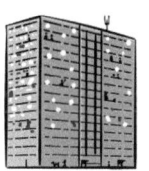

стан
gorofa

железничка станица
kituo cha treni

већница
ukumbi wa mji

музеј
Makavazi

школа
shule

град - jiji   11

универзитет

chuo kikuu

банка

benki

болница

hospitali

хотел

hoteli

апотека

duka la dawa

канцеларија

ofisi

књижара

duka la kitabu

продавница

duka

цвећара

duka la maua

супермаркет

dukakuu

трг

soko

робна кућа

idara ya kuhifadhi

рибарница

mwuza samaki

трговачки центар

kituo cha ununuzi

лука

bandari

парк

Hifadhi

клупа

benki

мост

daraja

степенице

vidato

подземна железница

chini ya ardhi

тунел

handaki

аутобуска станица

kituo cha mabasi

бар

bar

ресторан

mgahawa

поштанско сандуче

sanduku la posta

улични знак

ishara ya barabara

паркирни аутомат

mita ya maegesho

зоолошки врт

bustani ya wanyama

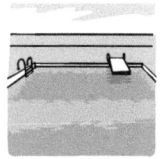

базен

kidimbwi cha kuogelea

џамија

msikiti

сеоско газдинство

shamba

загађење околине

uchafuzi

гробље

makaburini

црква

kanisa

игралиште

uwanja wa michezo

храм

hekalu

пејсаж

mazingira

лист
jani

путоказ
ishara ya mwelekeo

пут
njia

ливада
malisho

камен
jiwe

шетач
mtembeaji wa masafa

дрво
mti

река
mto

трава
nyasi

цвет
ua

долина

bonde

планина

kilima

језеро

ziwa

шума

msitu

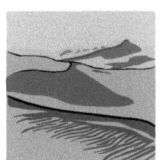

пустиња

jangwa

вулкан

volkano

дворац

ngome

дуга

upinde wa mvua

гљива

uyoga

палма

mtende

москито

mbu

мува

kuruka

мрав

chungu

пчела

nyuki

паук

buibui

буба

mende

жаба

chura

веверица

kuchakuro

јеж

nungunungu

зец

sungura

сова

bundi

птица

ndege

лабуд

swan

дивља свиња

nguruwe mwitu

јелен

kulungu

лос

aina ya kongoni

насип

bwawa

ветрењача

tabo ya upepo

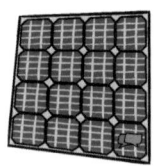

соларна плоча

nishaji ya jua

клима

hali ya hewa

ресторан
mgahawa

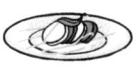

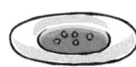

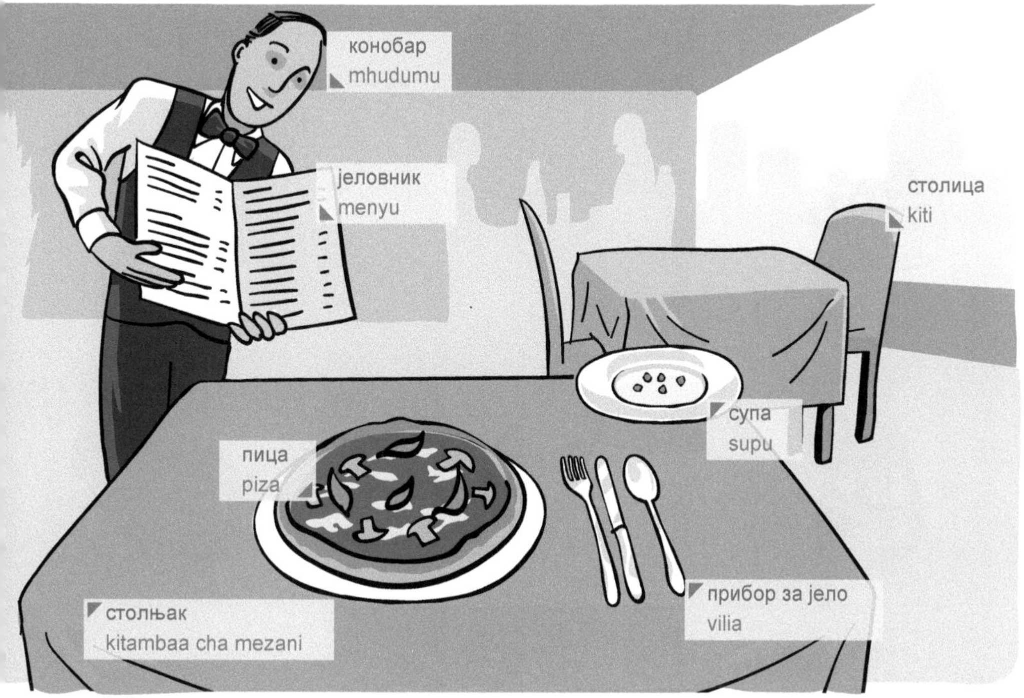

конобар
mhudumu
јеловник
menyu
столица
kiti
супа
supu
пица
piza
столњак
kitambaa cha mezani
прибор за јело
vilia

предјело
kiamsha hamu

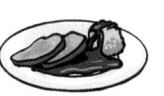

главно јело
kozi kuu

десерт
kitindamlo

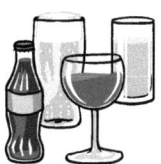

напитци
vinywaji

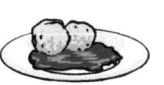

јело
chakula

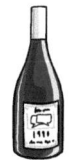

флаша
chupa

брза храна

chakula cha haraka

имбис храна

Streetfood

чајник

buli

доза за шећер

kisanduku cha sukari

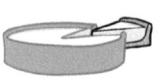

порција

sehemu

апарат за еспресо

mashine ya espresso

висока столица

kiti kirefu

рачун

muswada

послужавник

trei

нож

kisu

виљушка

uma

кашика

kijiko

чајна кашика

kijiko cha chai

салвета

nepi

чаша

glasi

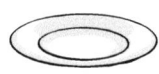

тањир

sahani

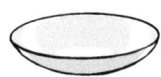

тањир за супу

sahani ya supu

тањирић

sufuria

сос

mchuzi

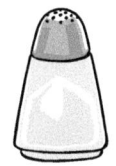

сољенка

kichanyaji chumvi

млин за бибер

kinu cha pilipili

сирће

siki

уље

mafuta

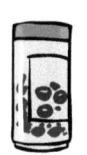

зачини

viungo

кечап

kechapu

сенф

haradali

мајонеза

kachumbari nzito

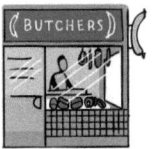

супермаркет

dukakuu

понуда
ofa maalum
FOR
купац
mteja
млечни производи
maziwa
воће
matunda
колица за куповину
toroli

BUTCHERS

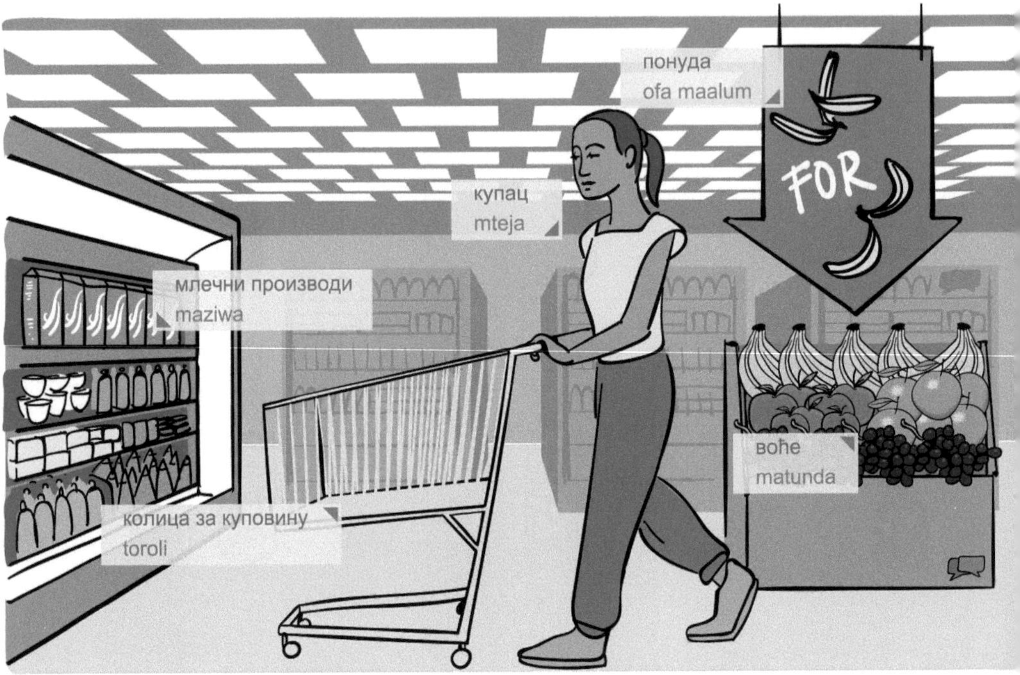

месница

mchinjaji

BAKERY

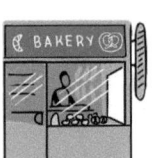

пекара

mwokaji

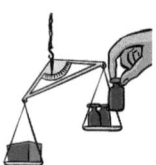

вагати

uzito

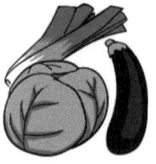

поврће

mboga

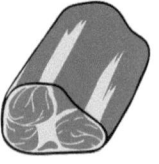

месо

nyama

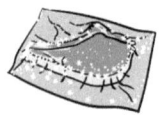

смрзнута храна

chakula waliohifadhiwa

нарезак

vipande vya nyama baridi

конзерве

chakula cha kopo

средство за прање

sabuni ya unga

слаткиши

pipi

артикли за домаћинство

bidhaa za kaya

средства за чишћење

bidhaa za kusafisha

продавачица

mtu mauzo

благајна

mpaka

благајник

keshia

листа за куповину

orodha ya manunuzi

време рада

masaa ya ufunguzi

новчаник

mkoba

кредитна картица

kadi

торба

mfuko

пластична кеса

mfuko wa plastiki

напитци
vinywaji

вода

maji

сок

sharubati

млеко

maziwa

кола

coke

вино

mvinyo

пиво

bia

алкохол

pombe

какао

kakao

чај

chai

кава

kahawa

еспресо

spreso

капућино

kapuchino

банана

ndizi

јабука

tufaha

наранџа

machungwa

лубеница

tikiti

лимун

lemon

шаргарепа

karoti

бели лук

kitunguu saumu

бамбус

mianzi

лук

kitunguu

гљива

uyoga

орашасти плодови

karanga

резанци

nudo

шпагете

spageti

рижа

mpunga

салата

saladi

помфрит

vibanzi

печени крумпир

viazi vya kukaanga

пица

piza

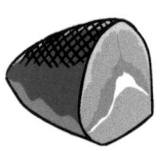

хамбургер

hambaga

сендвич

sandwichi

шницла

kipande

шунка

paja la mnyama

салама

salami

кобасица

soseji

кокош

kuku

печење

choma

риба

samaki

зобене пахуљице

oats ya uji

мусли

muesli

кукурузне пахуљице

cornflakes

брашно

unga

кроасан

kroisanti

пециво

andazi

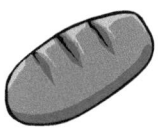

хлеб

mkate

тоаст

mkate wa kubanika

кекси

biskuti

маслац

siagi

свежи сир

maziwa mgando

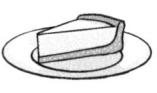

колач

keki

jaje

yai

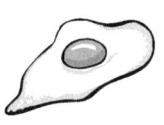

jaje на око

yai kukaanga

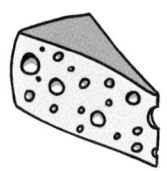

сир

jibini

сладолед

aiskrimu

шећер

sukari

мед

asali

мармелада

jemu

нугат крема

kuenea kwa chokoleti

кари

mchuzi wa viungo

сеоско газдинство
shamba

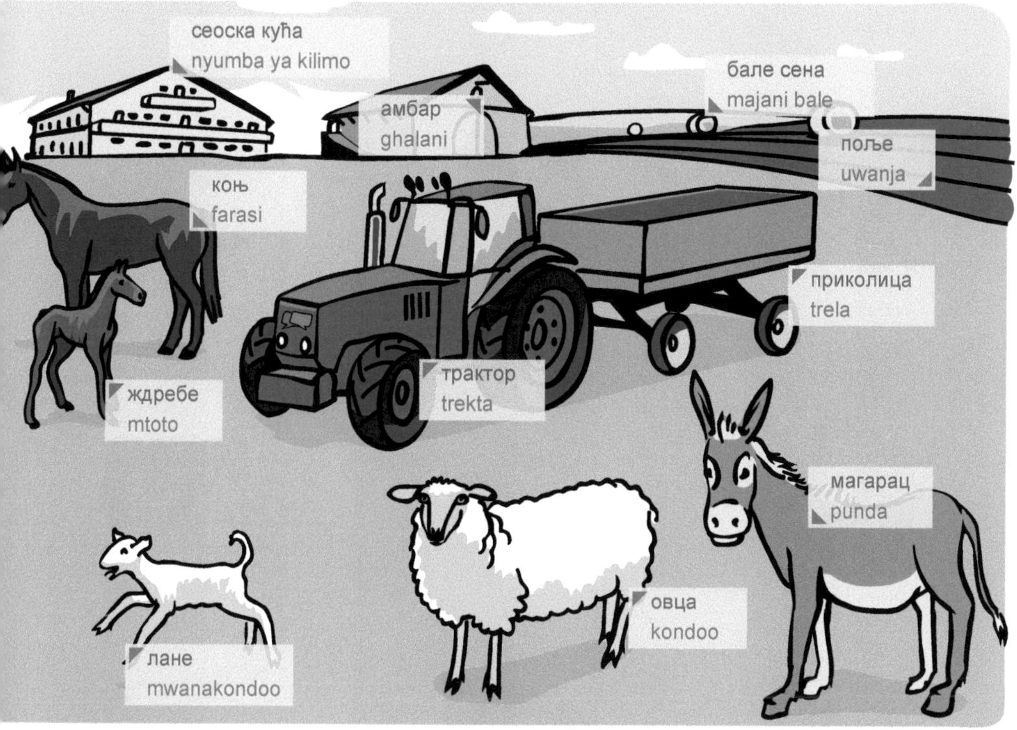

сеоска кућа
nyumba ya kilimo
амбар
ghalani
бале сена
majani bale
поље
uwanja
коњ
farasi
приколица
trela
трактор
trekta
ждребе
mtoto
магарац
punda
овца
kondoo
лане
mwanakondoo

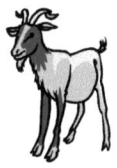

коза

mbuzi

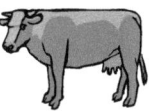

крава

ng'ombe

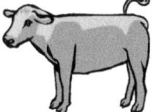

теле

ndama

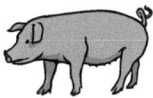

свиња

nguruwe

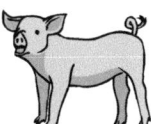

прасе

mwananguruwe

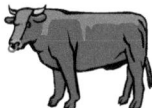

бик

fahali

гуска

batabukini

патка

bata

пилићи

kifaranga

кокош

kuku

петао

jogoo

пацов

panya

мачка

paka

миш

panya

вол

ng'ombe

пас

mbwa

кућица за пса

nyumba ya mbwa

вртно црево

bomba la bustani

канта за поливање

debe la kumwagilia maji

коса

fyekeo

плуг

kulima

срп

mundu

мотика

jembe

виљушка за ђубриво

uma wa nyasi

секира

shoka

тачке

toroli

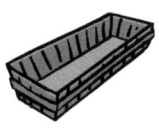

корито

kupitia nyimbo

посуда за млеко

chombo cha maziwa

врећа

gunia

ограда

ua

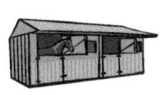

штала

imara

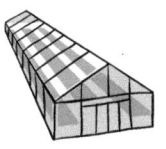

стакленик

chafu

земља

udongo

семе

mbegu

ђубриво

mbolea

комбајн

kivunaji

жети

mavuno

жетва

mavuno

јамс зачин

viazi vikuu

пшеница

ngano

соја

soya

крумпир

viazi

кукуруз

mahindi

уљана репица

rapa

воћка

mti wa matunda

гомољ маниоке

muhogo

житарице

nafaka

кућа

nyumba

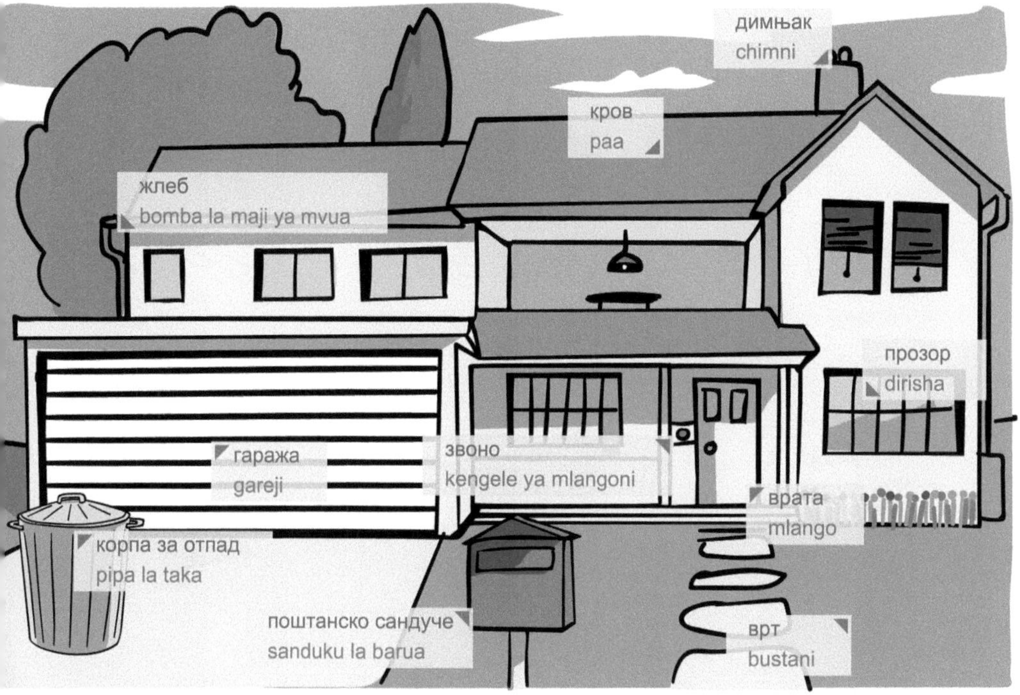

димњак
chimni
кров
paa
жлеб
bomba la maji ya mvua
прозор
dirisha
гаража
gareji
звоно
kengele ya mlangoni
врата
mlango
корпа за отпад
pipa la taka
поштанско сандуче
sanduku la barua
врт
bustani

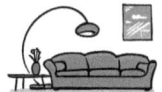

дневна соба
sebuleni

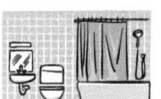

купаоница
bafu

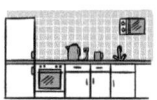

кухиња
jikoni

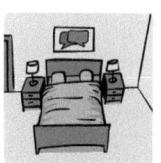

спаваћа соба
chumba cha kulala

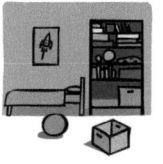

дечија соба
chumba ya mtoto

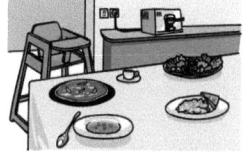

трпезарија
chumba cha kulia

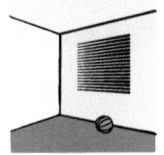

под

sakafu

зид

ukuta

строп

dari

подрум

pishi

сауна

sauna

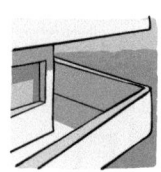

балкон

roshani

тераса

mtaro

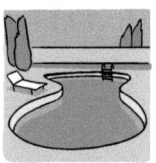

базен

kidimbwi

косилица за траву

mashine ya kukata nyasi

постељина за кревет

karatasi

дека за кревет

kitambaa cha kupamba kitanda

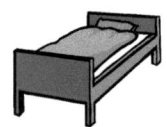

кревет

kitanda

метла

ufagio

канта

ndoo

прекидач

kubadili

дневна соба
sebuleni

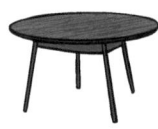

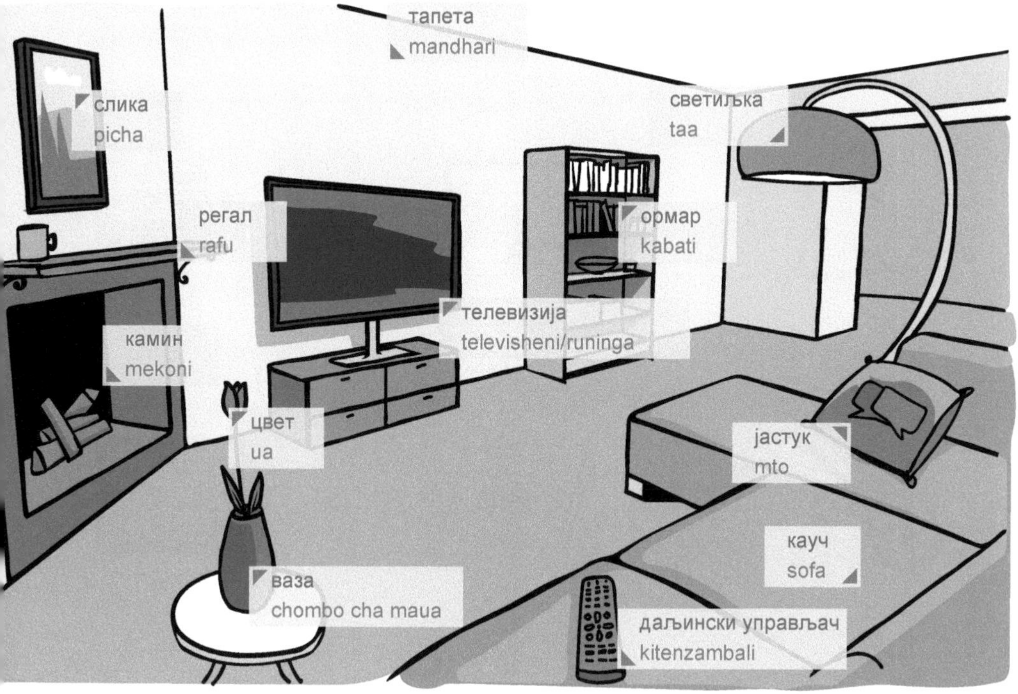

тапета
mandhari
слика
picha
светиљка
taa
регал
rafu
ормар
kabati
телевизија
televisheni/runinga
камин
mekoni
цвет
ua
јастук
mto
кауч
sofa
ваза
chombo cha maua
даљински управљач
kitenzambali

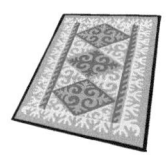

тепих
zulia

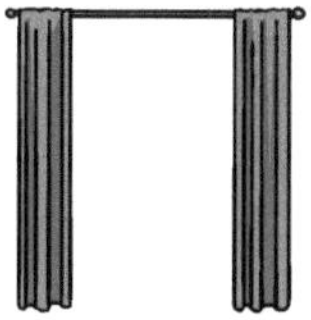

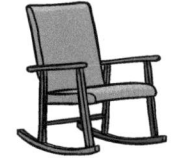

завеса
pazia

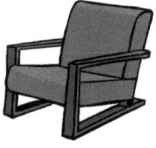

сто
meza

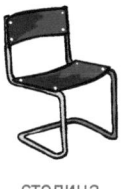

столица
kiti

столица за њихање
kiti cha bembea

фотеља
armchair

књига

kitabu

дека

blanketi

декорација

mapambo

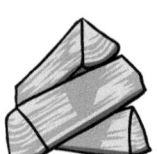

дрво за огрев

kuni

филм

filamu

хи-фи уређај

kifaa cha hi-fi

кључ

ufunguo

новине

gazeti

слика на платну

uchoraji

постер

bango

радио

redio

блок за писање

daftari

усисивач

kifyonza

кактус

dungusi kakati

свећа

mshumaa

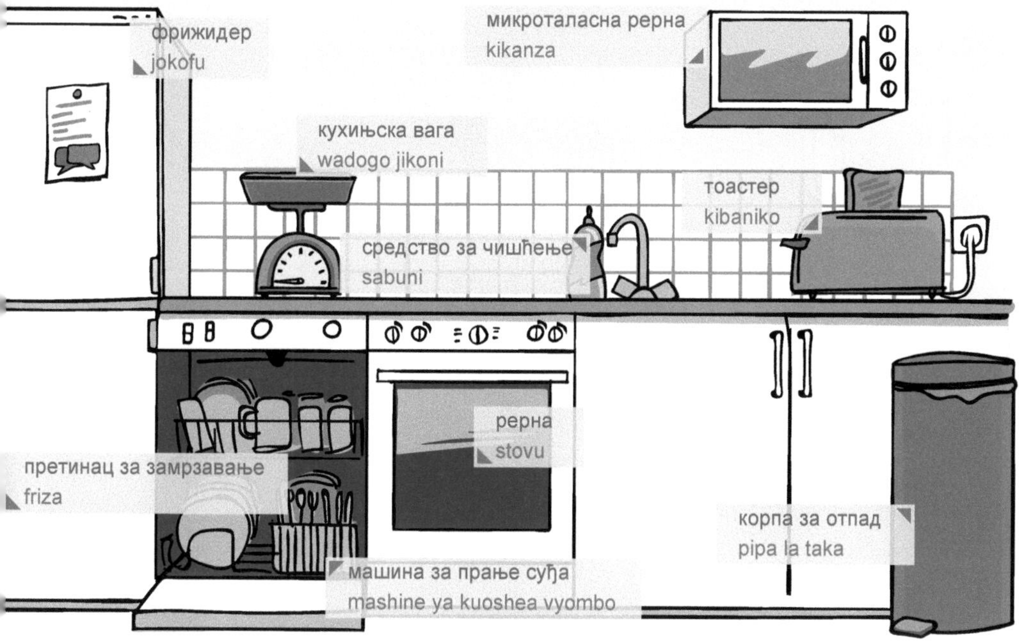

фрижидер
jokofu

микроталасна рерна
kikanza

кухињска вага
wadogo jikoni

тоастер
kibaniko

средство за чишћење
sabuni

рерна
stovu

претинац за замрзавање
friza

корпа за отпад
pipa la taka

машина за прање суђа
mashine ya kuoshea vyombo

шпорет
jiko la kupika

лонац
chungu

гвоздени лонац
sufuria ya chuma

вок / кадаи
wok / kadai

тава
kaango

кувало за воду
birika

кувало на пару

stima

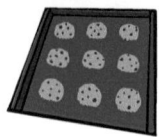

лим за печење

sinia ya kuoka

посуђе

vyombo vya udongo

чаша

kombe

посуда

bakuli

штапићи за јело

vijiti vya kulia

кутлача

ukawa

лопатица

mwiko mpana

пењача

burashi

сито за кување

kichujio

сито

chujio

рибеж

mbuzi

мужар

chokaa

роштиљ

barbeque

огњиште

moto wazi

даска

ubao wa majaribio

оклагија

kijiti cha kusukuma unga

вадичеп

kizibuo

конзерва

kopo

отварач конзерви

inaweza kopo

крпа за лонац

kishikio cha chungu

судопер

karo

четка

brashi

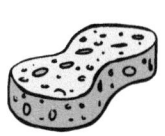

сунђер

sifongo

миксер

kisagaji matunda

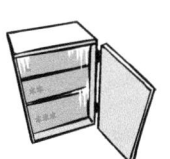

замрзивач

friji ya kina

флашица за бебе

chupa ya mtoto

славина за воду

bomba

купаоница
bafu

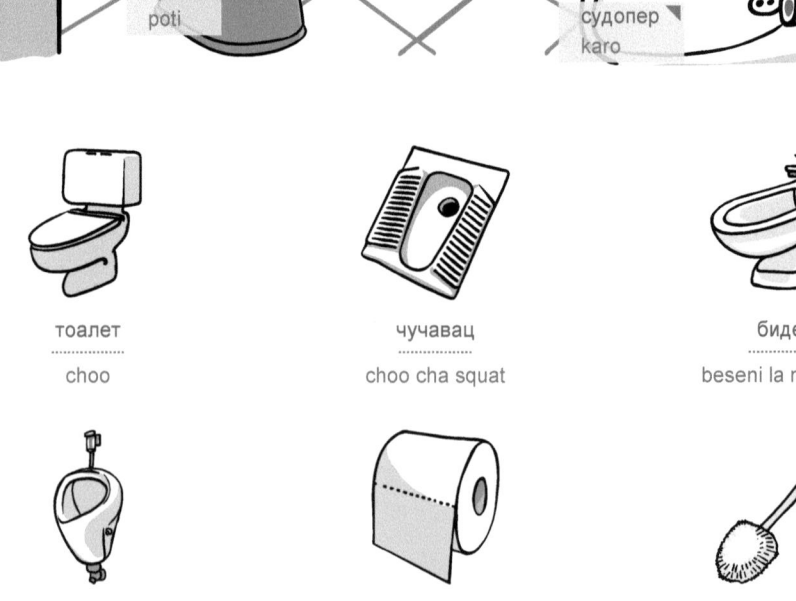

грејање
joto
туш
mfereji wa kuogea
пешкир
taulo
завеса за туш
pazia la kuogea
пенушава купка
maji ya kuoga yenye povu
када
hodhi
чаша
glasi
машина за прање веша
mashine ya kuosha
славина за воду
bomba
плочице
vigae
тута
poti
судопер
karo

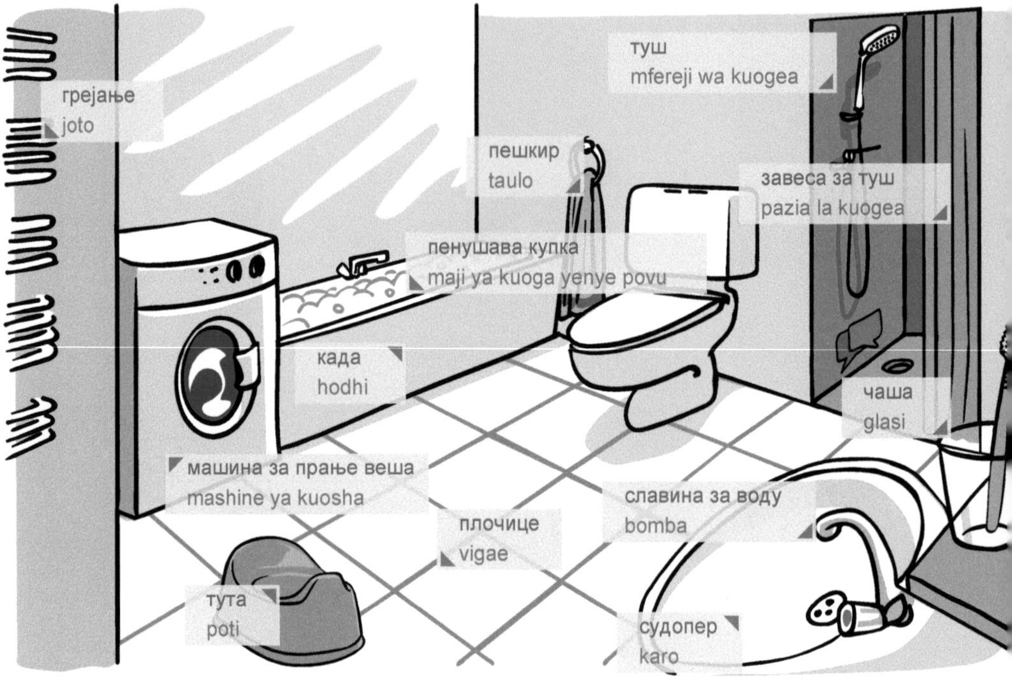

тоалет

choo

чучавац

choo cha squat

бидет

beseni la mviringo

писоар

choo cha umma

тоалетни папир

shashi

четка за тоалет

brashi ya choo

четкица за зубе

mswaki

паста за зубе

dawa ya meno

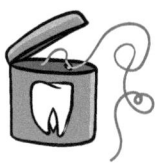

конац за зубе

dawa ya meno

прати

safisha

туш ручица

kuoga mkono

туш за прање интимних делова

msukumo wa maji

лавор

bonde

четка за прање леђа

mpako wa pili

сапун

sabuni

гел за тушираље

jeli ya kuogea

шампон

shampuu

крпа за прање

flana

одвод

toa maji

крема

krimu

дезодоранс

kiondoa harufu

огледало

kioo

козметичко огледало

kioo mkono

бријач

kinyozi

пена за бријање

povu la kunyoa

лосион за после бријања

baada ya kunyoa

чешаљ

kichana

четка

brashi

фен за косу

kikausha nywele

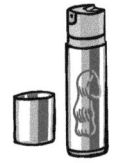

спреј за косу

marashi ya nyewele

шминка

vipodozi

руж за усне

kidomwa

лак за нокте

varnish ya msumari

вата

pamba

маказе за нокте

mkasi wa kucha

парфем

manukato

козметичка торбица

mkoba wa kuosha

столица

kinyesi

вага

mizani

огртач

nguo ya kuoga

рукавице за чишћење

glavu za mpira

тампон

kisodo

уложак

sodo

хемијски тоалет

kemikali choo

дечија соба

chumba ya mtoto

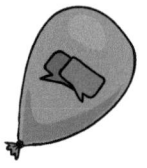

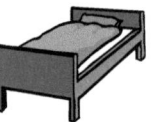

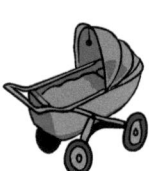

будилник
saa ya kengele
плишана играчка
kidoli cha kupakata
ауто играчка
gari bandia
звечка
kelele
кућица за лутке
chumba cha midoli
поклон
sasa

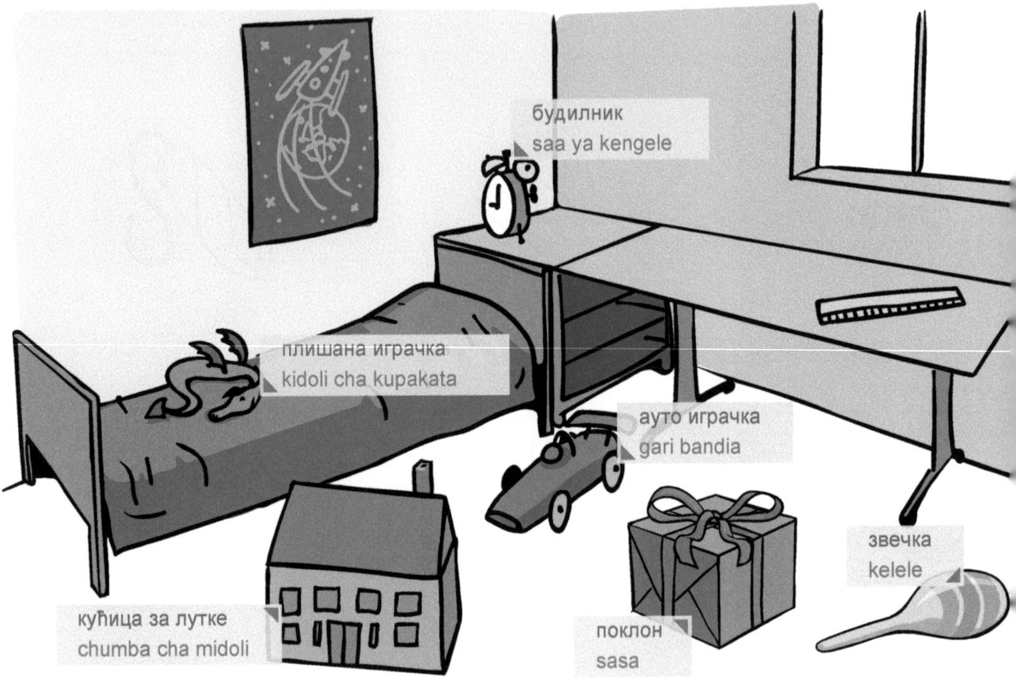

балон

baluni

кревет

kitanda

дјечија колица

mashua

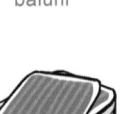

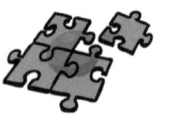

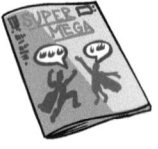

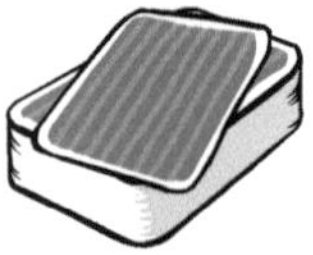

игра са картама

staha ya kadi

слагалица

mchezo-fumb

SUPER
MEGA

стрип

vichekesho

лего коцкице

matofali lego

коцкице за слагање

vitalu mwigo

акциони јунак

hatua takwimu

бенкица за бебе

suti ya kulalia

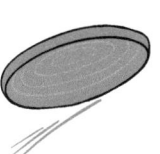

фризби

kisahani

висеће играчке

simu

друштвене игре

ubao wa michezo

коцка

kete

минијатурна жељезница

garimoshi mwigo

дуда

dummy

забава

chama

сликовница

picha kitabu

лопта

mpira

лутка

kikaragosi

играти

kucheza

пешчаник

shimo la mchanga

љуљачка

bembea

играчка

vitu bandia

конзола за игре

kiweko cha video ya mchezo

трицикл

baiskeli ya magurudumu

matatu

теди

mwanasesere

ормар

kabati

одећа

nguo

кратке чарапе

soksi

чарапе

stokingi

хулахопке

kibano

шал
skafu

каиш
ukanda

кишобран
mwavuli

мајица
fulana

патике
wakufunzi

чизме
viatu

папуче
ndara

сандале
malapa

ципеле
viatu

гумене чизме
mabuti ya mpira

гаћице
suruali ya ndani

грудњак
sidiria

поткошуља
fulana

боди

mwili

панталоне

suruali

фармерке

dangirizi

сукња

sketi

блуза

blauzi

кошуља

shati

џемпер

vuta

џемпер с капуљачом

sweta

сако

bleza

јакна

jaketi

мантил

koti

кабаница

koti la mvua

костим

maleba

хаљина

gauni

венчаница

mavazi ya harusi

одело

suti

спаваћица

vazi la usiku

пиџама

pajama

сари

sari

марама за главу

skafu

турбан

kilemba

бурка

burka

кафтан

kaftan

абаја

abaya

купаћи костим

vazi la kuogelea

купаће гаћице

vazi la kiume la kuogelea

кратке панталоне

kaptura

одећа за тренинг

teitei

кецеља

aproni

рукавице

glavu

одећа - nguo   47

дугме

kifungo

наочаре

glasi

наруквица

bangili

огрлица

mkufu

прстен

pete

наушница

herini

капа

kofia

вешалица

kiango cha koti

шешир

kofia

кравата

tai

патент затварач

zipu

кацига

kofia

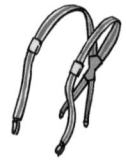

нараменице

kanda za suruali

школска униформа

sare za shule

униформа

sare

подбрадак

bibu

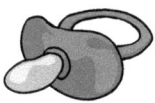

дуда

dummy

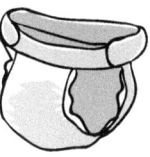

пелена

nepi

канцеларија
ofisi

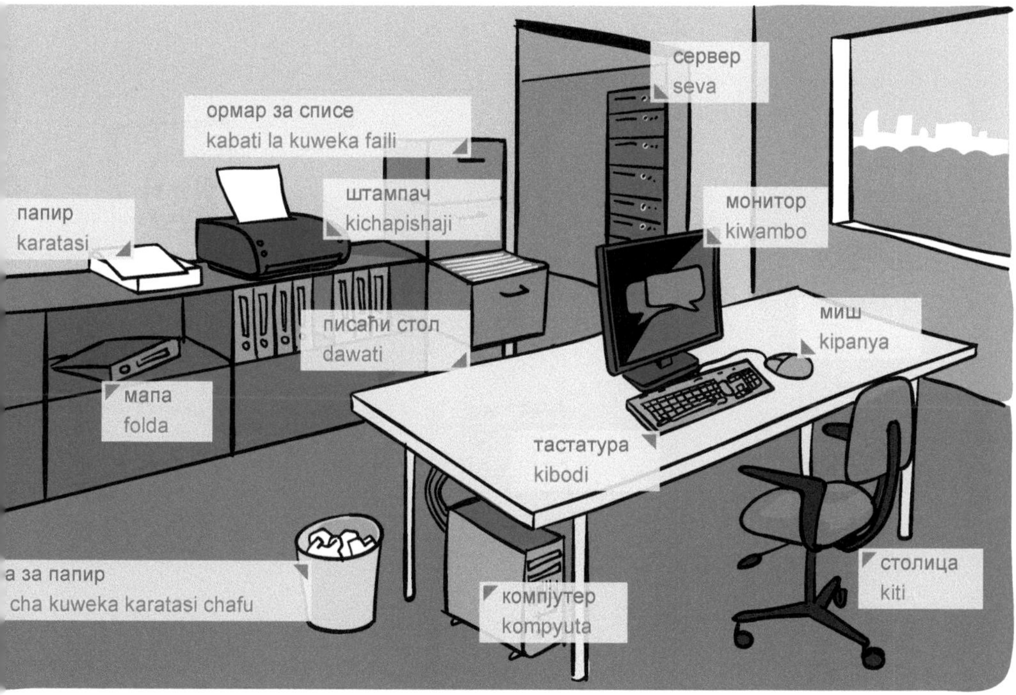

шалица за каву

kmobe la kahawa

калкулатор

kikokotoo

интернет

biashara

сервер
seva

ормар за списе
kabati la kuweka faili

штампач
kichapishaji

папир
karatasi

монитор
kiwambo

миш
kipanya

писаћи стол
dawati

мапа
folda

тастатура
kibodi

а за папир
cha kuweka karatasi chafu

столица
kiti

компјутер
kompyuta

лаптоп

mbali

писмо

barua

порука

ujumbe

мобилни телефон

rununu

мрежа

intaneti

уређај за копирање

fotokopia

софтвер

programu

телефон

simu

утичница

soketi

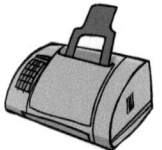

факс

kipepesi

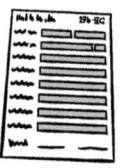

формулар

fomu

документ

hati

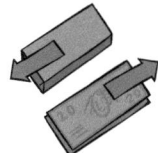

куповати

kununua

платити

kulipa

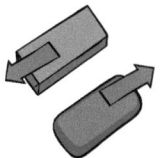

трговати

biashara

новац

fedha

долар

dola

евро

yuro

јен

yeni

рубља

rouble

швајцарски франак

faranga ya Uswisi

ренминдби јуан

renminbi yuan

рупија

rupia

аутомат за новац

eneo la kulipia

мењачница

ofisi ya ubadilishanaji

злато

dhahabu

сребро

fedha

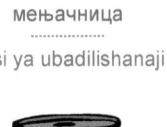

нафта

mafuta

енергија

nishati

цена

bei

уговор

mkataba

порез

kodi

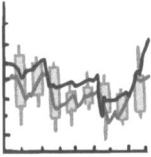

деонице

bidhaa

радити

kazi

службеник

mfanyakazi

послодавац

mwajiri

фабрика

kiwanda

продавница

duka

занимања
kazi

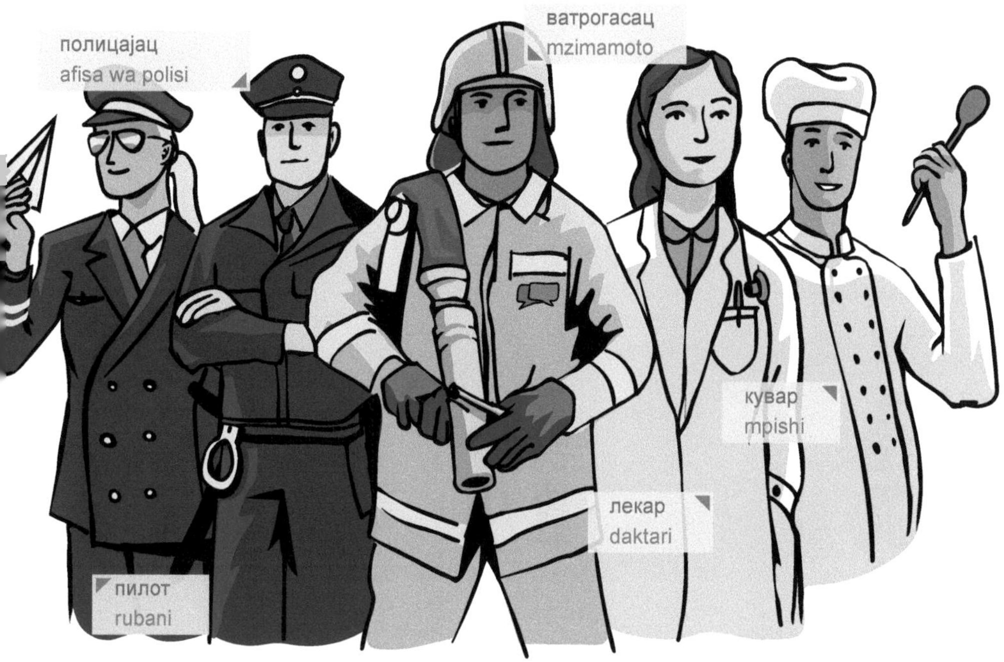

полицајац
afisa wa polisi
ватрогасац
mzimamoto
кувар
mpishi
лекар
daktari
пилот
rubani

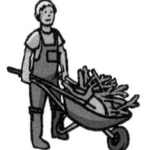

вртлар

mtunza bustani

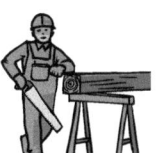

столар

seremala

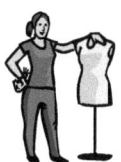

кројачица

mshonaji

судија

hakimu

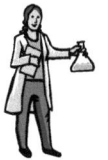

хемичар

mwanakemia

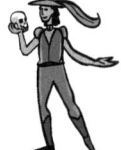

глумац

muigizaji

возач аутобуса

dereva wa basi

возач таксија

dereva wa teksi

рибар

mvuvi

чистачица

mwanamke wa kusafisha

кровопокривач

mwezekaji

конобар

mhudumu

ловац

mwindaji

сликар

mchoraji

пекар

mwokaji

електричар

umeme

грађевински радник

mjenzi

инжењер

mhandisi

месар

mchinjaji

лимар

fundi bomba

поштар

mwanaposta

војник

mwanajeshi

архитекта

msanifu majengo

благајник

keshia

цвећар

muuza maua

фризер

msusi

кондуктер

kondakta

механичар

mekanika

капетан

nahodha

зубар

daktari wa meno

научник

mwanasayansi

раби

rabbi

имам

imamu

монах

mtawa

свећеник

kasisi

алати

zana

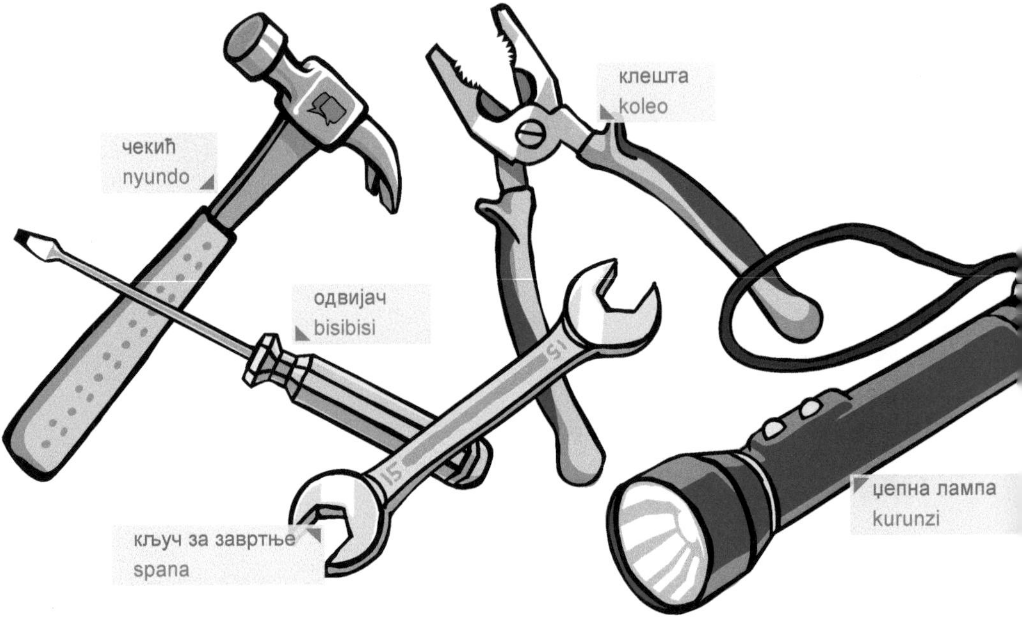
чекић
nyundo
клешта
koleo
одвијач
bisibisi
кључ за завртње
spana
џепна лампа
kurunzi

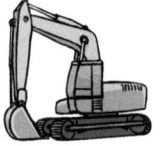

багер

mchimbaji

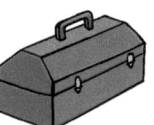

кутија за алат

sanduku la vifaa

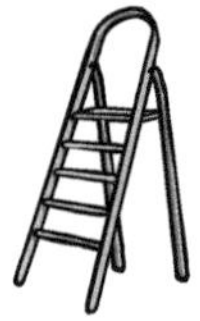

мердевине

ngazi

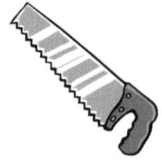

пила

msumeno

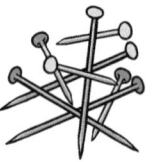

ексер

misumari

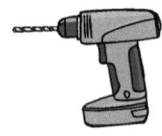

бушилица

kuchimba visima

поправити

kukarabati

лопата

sepetu

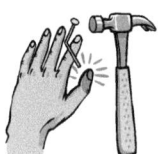

до ђавола!

Lo!

лопатица

kishikio cha uchafu

лонац за боју

chungu cha rangi

завртањи

skurubu

музички инструмент
ala za muziki

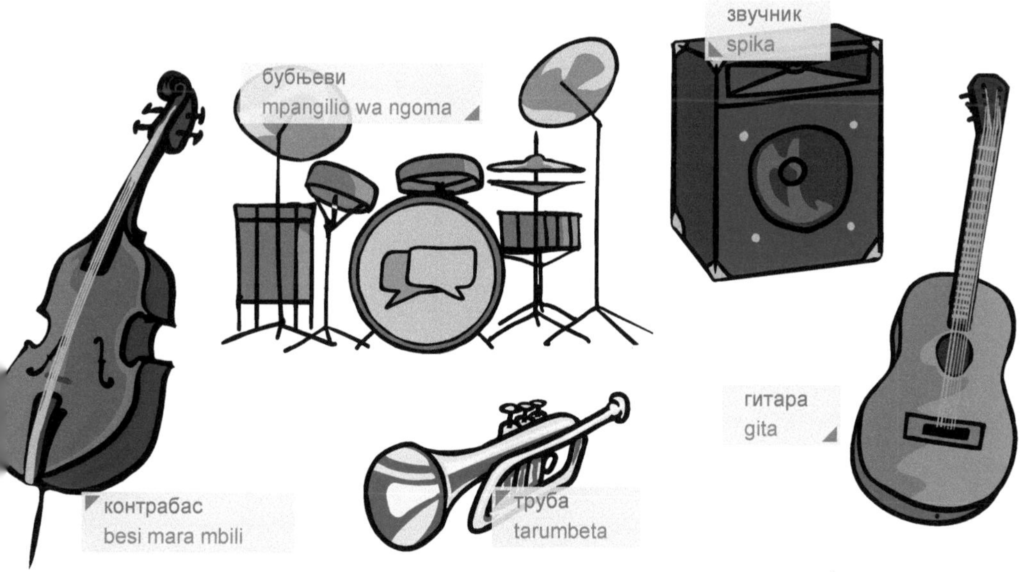

бубњеви
mpangilio wa ngoma

звучник
spika

гитара
gita

контрабас
besi mara mbili

труба
tarumbeta

клавир

piano

виолина

fidla

бас

ubeji

тимпани

timpani

удараљке за бубњеве

ngoma

типке клавира

kibodi

саксофон

saksafoni

флаута

filimbi

микрофон

maikrofoni

зоолошки врт

bustani ya wanyama

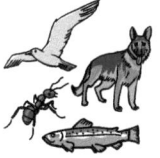

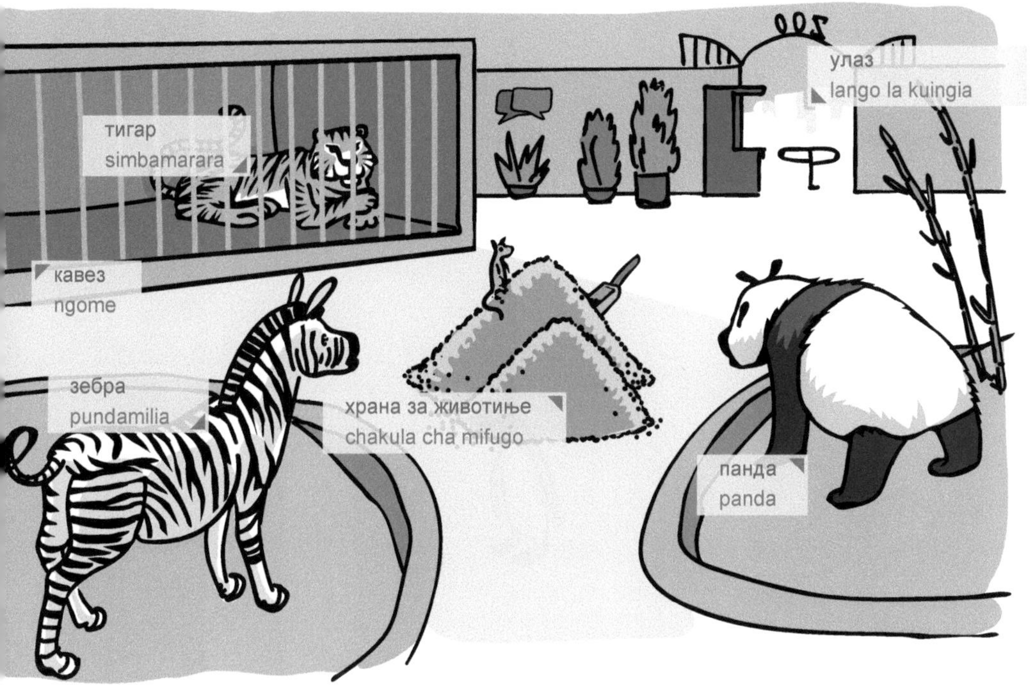

улаз
lango la kuingia
тигар
simbamarara
кавез
ngome
зебра
pundamilia
храна за животиње
chakula cha mifugo
панда
panda

животиње

wanyama

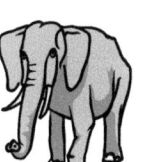

слон

tembo

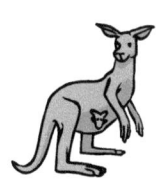

кенгур

kangaruu

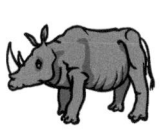

носорог

kifaru

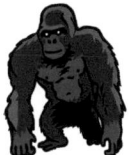

горила

sokwe

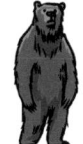

медвед

dubu

камила

ngamia

нoj

mbuni

лав

simba

мajмун

tumbili

фламинго

heroe

папагај

kasuku

поларни медвед

dubu

пингвин

penguini

ајкула

papa

паун

tausi

змија

nyoka

крокодил

mamba

чувар у зоолошком врту

mtunza wanyama

туљан

muhuri

јагуар

jaguar

пони

mwanafarasi

леопард

chui

нилски коњ

kiboko

жирафа

twiga

орао

tai

дивља свиња

nguruwe mwitu

риба

samaki

корњача

kobe

морж

sili

лисица

mbweha

газела

paa

спорт
michezo

амерички ногомет
soka ya marekani

бициклизам
uendeshaji baiskeli

тенис
tenisi

кошарка
mpira wa kikapu

пливање
kuogelea

бокс
ndondi

хокеj на леду
magongo ya barafuni

фудбал
soka

бадминтон
vinyoya

атлетика
riadha

рукомет
mpira wa mikono

скиjање
skii

поло
polo

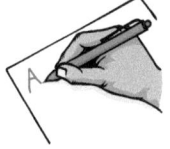

активности
shughuli

смејати се
cheka
скочити
kuruka
загрлити
kumbatia
ићи
kutembea
певати
kuimba
сањати
ota ndoto
молити се
kuomba
пољубити
busu

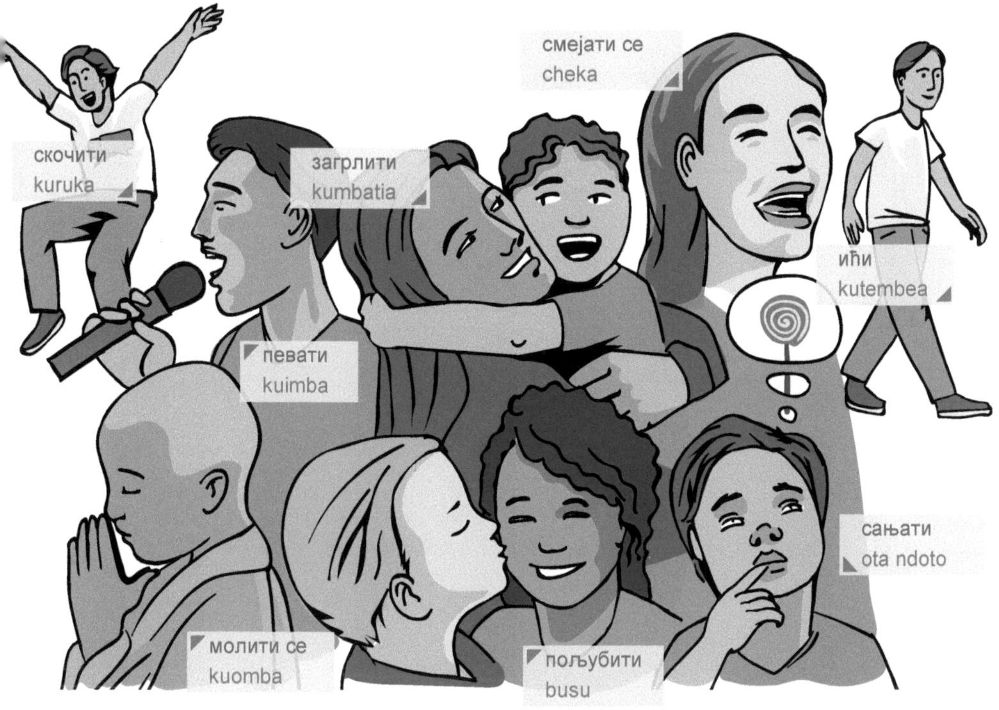

писати

kuandika

цртати

kuteka

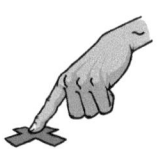

показати

angalia

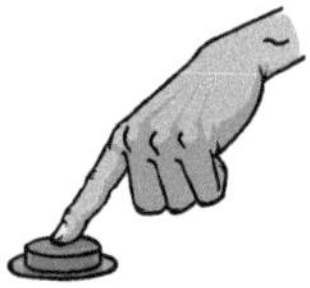

гурати

sukuma

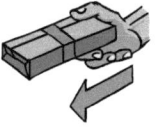

дати

kutoa

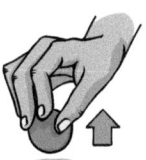

узети

kuchukua

имати

kuwa

чинити

fanya

бити

kuwa

стојати

kusimama

трчати

kukimbia

повлачити

vuta

бацити

kutupa

падати

kuanguka

лежати

hadaa

чекати

kusubiri

носити

kubeba

седити

kukaa

облачити

vaa nguo

спавати

usingizi

пробудити се

kuamka

гледати	плакати	миловати
kuangalia	lia	kiharusi

чешљати	говорити	разумети
chana nywele	ongea	kuelewa

питати	слушати	пити
kuuliza	kusikiliza	kunywa

јести	поспремити	волети
kula	nadhifisha	upendo

кухати	возити	летети
mpishi	gari	kuruka

пловити

meli

рачунати

kokotoa

читати

kusoma

учити

kujifunza

радити

kazi

венчати се

kuoa

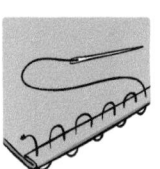

шити

kushona

прати зубе

piga mswaki

убити

kuua

пушити

moshi

послати

kutuma

породица

familia

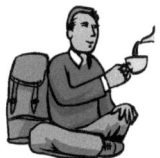

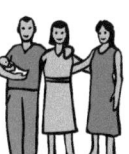

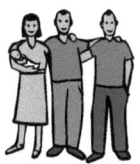

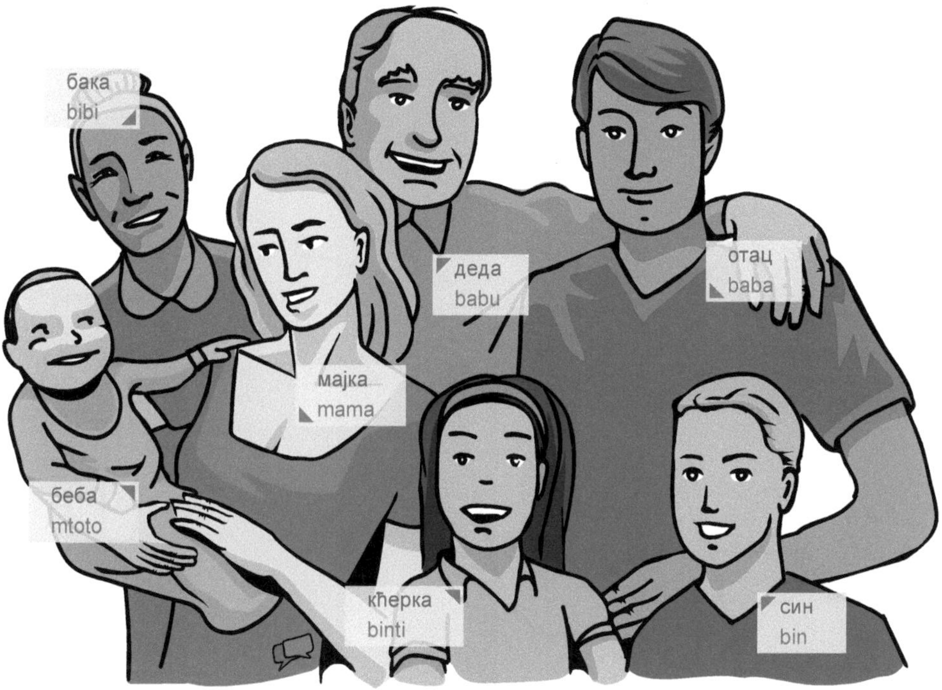
бака
bibi
деда
babu
отац
baba
мајка
mama
беба
mtoto
кћерка
binti
син
bin

гост

mgeni

тетка

shangazi

ујак, стриц

mjomba

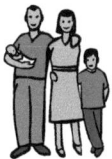

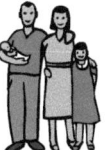

брат

kaka

сестра

dada

тело

mwili

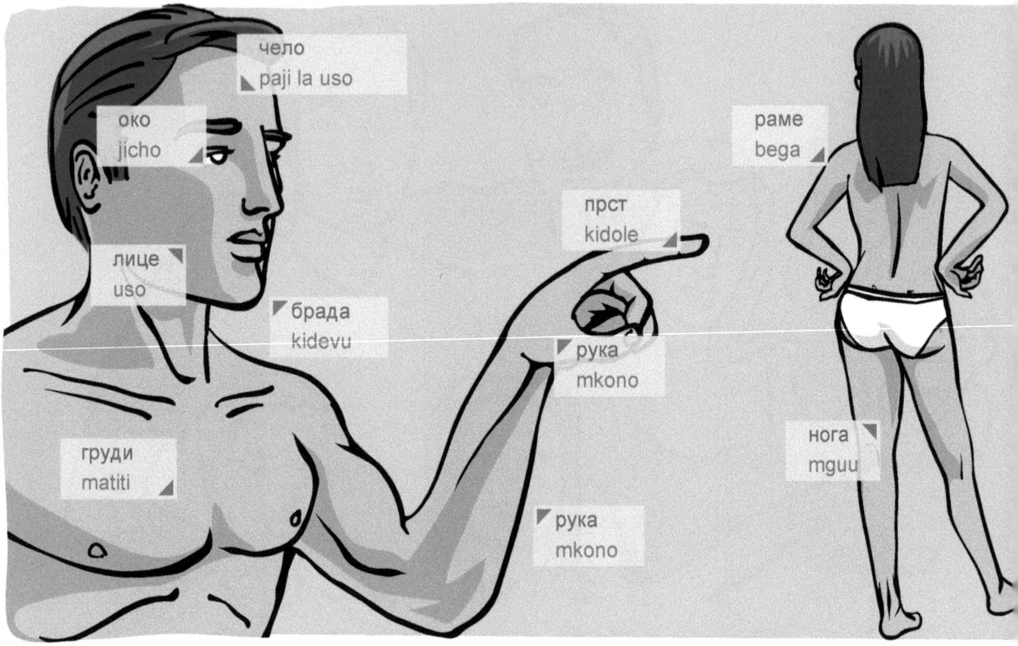

чело
paji la uso

око
jicho

раме
bega

прст
kidole

лице
uso

брада
kidevu

рука
mkono

груди
matiti

нога
mguu

рука
mkono

беба
mtoto

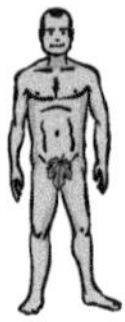

мушкарац
mwanamume

жена
mwanamke

девојчица
msichana

дечак
mvulana

глава
kichwa

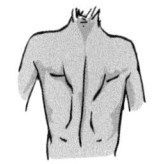

леђа

nyuma

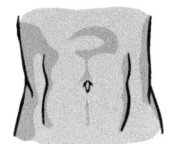

стомак

tumbo

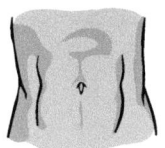

пупак

kitovu

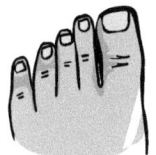

ножни прст

chano

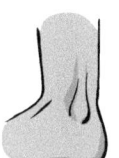

пета

kisigino

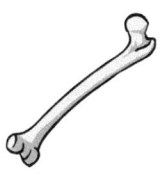

кост

mfupa

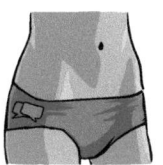

кукови

nyonga

колено

goti

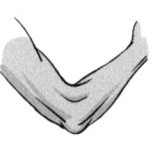

лакат

kiwiko

нос

pua

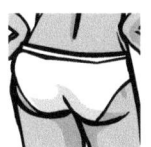

задњица

chini

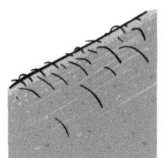

кожа

ngozi

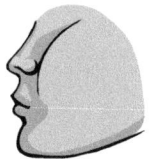

образ

shavu

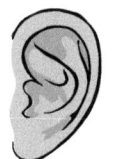

уво

sikio

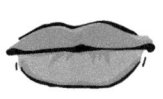

усна

mdomo

уста

kinywa

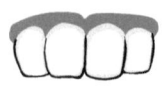

зуб

jino

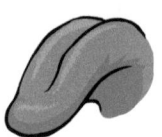

језик

ulimi

мозак

ubongo

срце

moyo

мишић

misuli

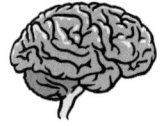

плућа

pafu

јетра

ini

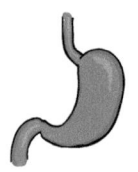

желудац

tumbo

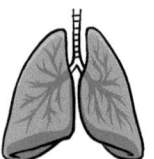

бубрези

figo

полни однос

jinsia

кондом

kondomu

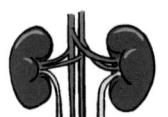

јајна ћелија

ovari

сперма

shahawa

трудноћа

mimba

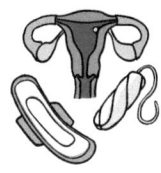

менструација

hedhi

вагина

uke

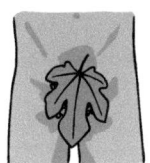

пенис

uume

обрва

unyusi

коса

nywele

врат

shingo

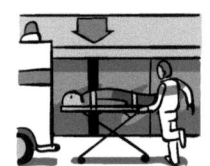

болница
hospitali

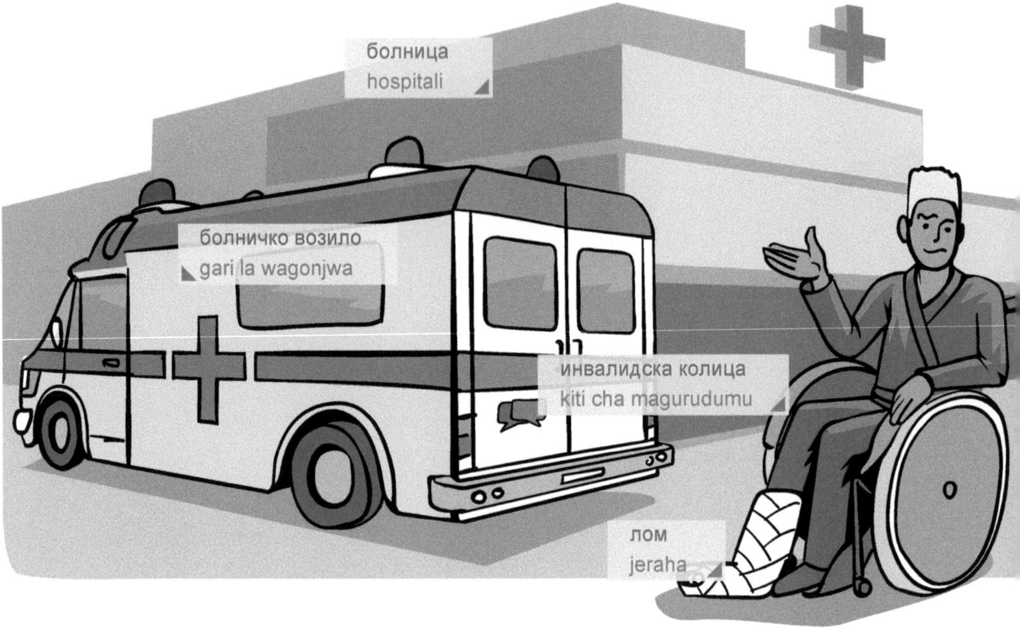

болница
hospitali
болничко возило
gari la wagonjwa
инвалидска колица
kiti cha magurudumu
лом
jeraha

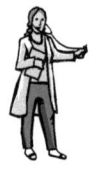

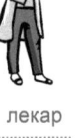

лекар
daktari

хитна медицинска служба
chumba cha dharura

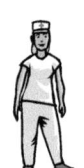

медицинска сестра
muuguzi

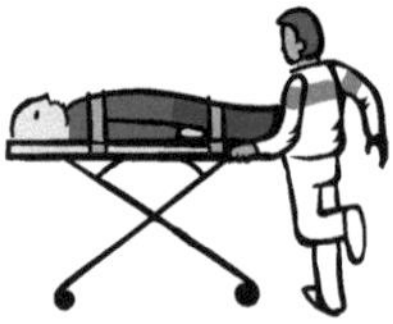

хитни случај
dharura

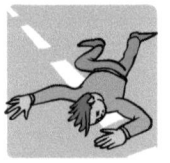

несвест
kupoteza fahamu

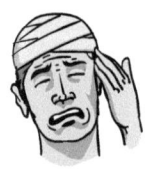

бол
maumivu

повреда

kuumia

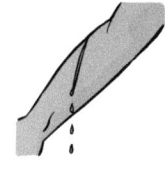

крварење

kutokwa na damu

срчани удар

mshtuko wa moyo

удар

kiharusi

алергија

mzio

кашаљ

kikohozi

грозница

homa

грипа

mafua

пролив

kuharisha

главобоља

maumivu ya kichwa

рак

kansa

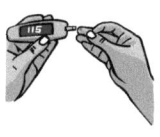

дијабетес

ugonjwa wa kisukari

хирург

daktari mpasuaji

скалпел

kisu kidogo cha kupasulia

операција

operesheni

цт

picha changanufu ya mwili

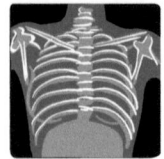

рентген

Eksrei

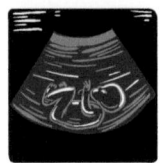

ултразвук

mawimbi sauti

маска

barakoa ya uso

болест

ugonjwa

чекаона

chumba cha kusubiri

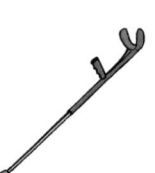

штака

mkongojo

фластер

plasta

завој

bendeji

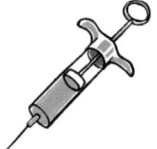

ињекција

sindano

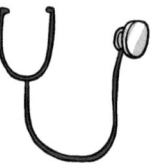

стетоскоп

stetoskopu

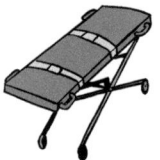

носила

machela

термометар

kipimajoto cha kliniki

рођење

kuzaliwa

прекомерна тежина

unene kupita kiasi

слушни апарат

kusikia misaada

средство за дезинфекцију

kipukusi

инфекција

maambukizi

вирус

virusi

хив / аидс

VVU / UKIMWI

медицина

dawa

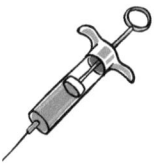

вакцинација

chanjo

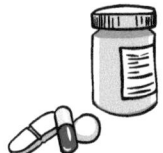

таблете

vidonge

пилула

kidonge

хитни позив

simu ya dharura

уређај за мерење притиска

haemodainamometa

болесно / здраво

mgonjwa / mwenye afya

помоћ!

Msaada!

аларм

kengele

насртај

pigo

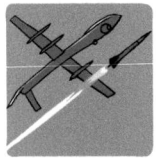

напад

shambulizi

опасност

hatari

излаз у случају нужде

lango la dharura

пожар!

Moto!

противпожарни апарат

kizima moto

незгоца

ajali

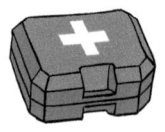

кутија прве помоћи

vifaa vya huduma ya kwanza

сос

wito wa msaada

полиција

polisi

Европа

Ulaya

Северна Америка

Amerika ya Kaskazini

Јужна Америка

Amerika ya Kusini

Африка

Afrika

Азија

Asia

Аустралија

Australia

Атлантик

Atlantiki

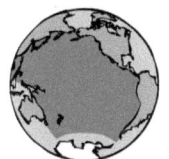

Пацифик

Pasifiki

Индијски океан

Bahari ya Hindi

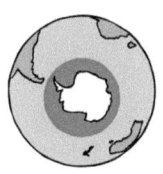

Антарктички океан

Bahari ya Antaktiki

Арктички океан

Bahari ya Aktiki

Северни рол

Ncha ya Kaskazini

Јужни рол

Ncha ya Kusini

Антарктик

Antaktika

земља

dunia

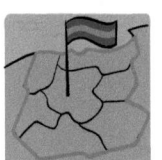

земља

nchi

море

bahari

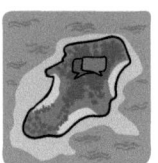

оток

kisiwa

нација

taifa

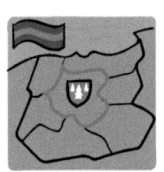

држава

jimbo

бројчаник сата

uso wa saa

сатна казаљка

akrabu ya saa

минутна казаљка

akrabu ya dakika

секундна казаљка

akrabu ya sekunde

Колико је сати?

Ni saa ngapi?

дан

siku

време

wakati

сада

sasa

дигитални сат

saa ya dijitali

минута

dakika

час

saa

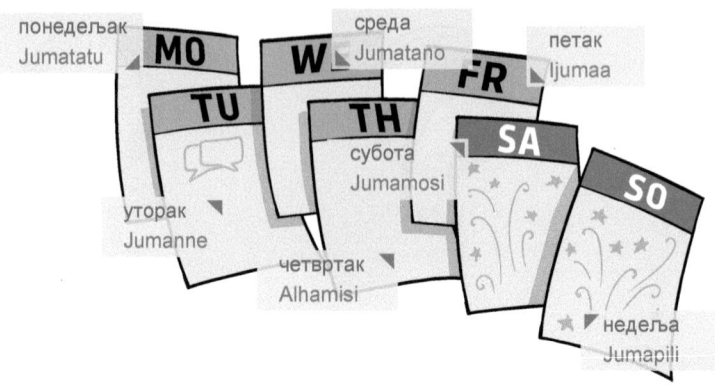

понедељак
Jumatatu

среда
Jumatano

петак
ljumaa

субота
Jumamosi

уторак
Jumanne

четвртак
Alhamisi

недеља
Jumapili

јуче

jana

данас

leo

сутра

kesho

јутро

asubuhi

подне

saa sita mchana

вече

jioni

радни дани

siku za biashara

викенд

mwishoni mwa wiki

година

mwaka

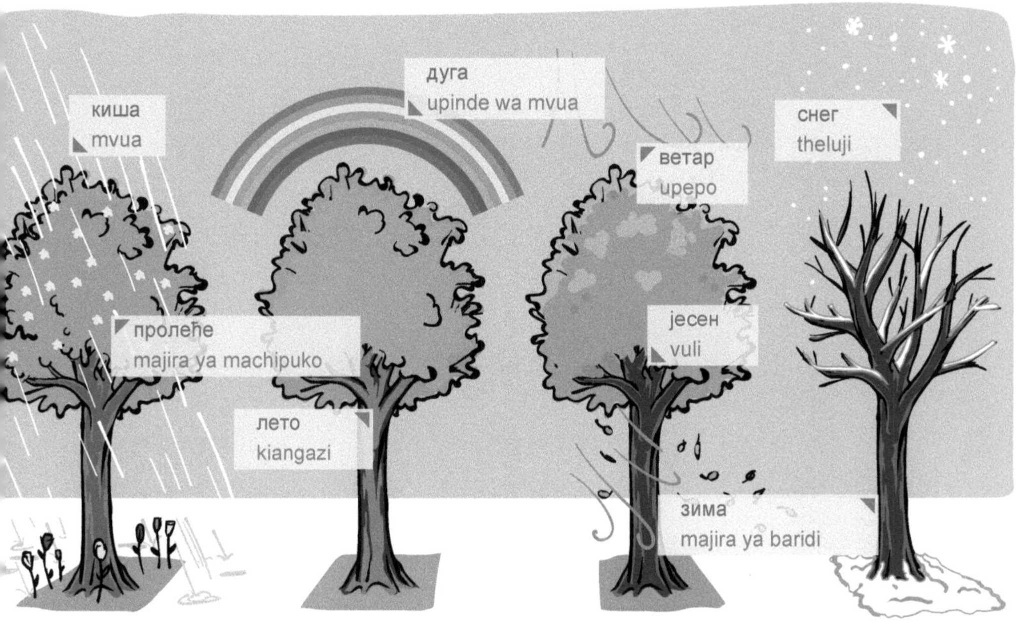

киша
mvua
дуга
upinde wa mvua
снег
theluji
ветар
upepo
пролеће
majira ya machipuko
јесен
vuli
лето
kiangazi
зима
majira ya baridi

4.APRIL 11°
5.APRIL 4°
6.APRIL 13°
7.APRIL 8°
8.APRIL 10°

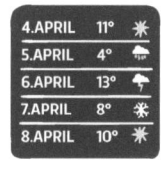

метеоролошка прогноза

utabiri wa hali ya hewa

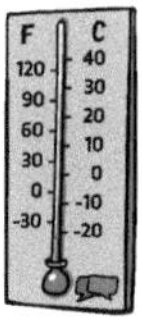

F C
120 40
90 30
60 20
30 10
0 0
-30 -10
-20

термометар

kipimajoto

сунчана светлост

mwanga wa jua

облак

wingu

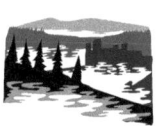

магла

ukungu

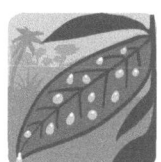

влажност ваздуха

unyevu

муња

umeme

грмљавина

radi

олуја

dhoruba

туча

mvua ya mawe

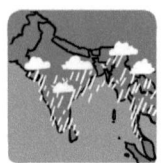

монсун

monsuni

поплава

mafuriko

лед

barafu

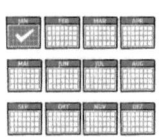

јануар

Januari

фебруар

Februari

март

Machi

април

Aprili

мај

Mei

јуни

Juni

јули

Julai

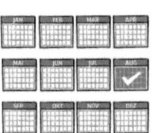

август

Agosti

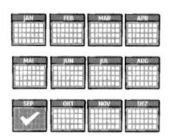

септембар

Septemba

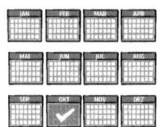

октобар

Oktoba

новембар

Novemba

децембар

Desemba

облици
maumbo

круг

mduara

квадрат

mraba

правоугао

mstatili

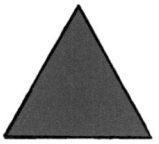

троугао

pembetatu

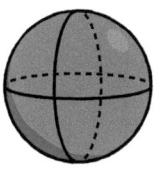

кугла

nyanja

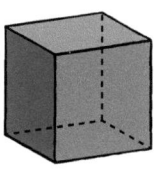

коцка

mchemraba

бела

nyeupe

жута

manjano

наранџаста

chungwa

ружичаста

rangi ya waridi

црвена

nyekundu

љубичаста

hudhurungi

плава

bluu

зелена

kijani

смеђа

hanja

сива

jivujivu

црна

nyeusi

много / мало

mengi / kidogo

љутито / мирно

hasira / pole

лепо / ружно

nzuri / mbaya

почетак / крај

mwanzo / mwisho

велико / малено

kubwa / ndogo

светло / тамно

angavu / giza

брат / сестра

kaka / dada

чисто / прљаво

safi / chafu

потпуно / непотпуно

kamilika / tokamilika

дан / ноћ

siku / usiku

мртво / живо

wafu / hai

широко / уско

pana / nyembamba

јестиво / нејестиво

kulika / kutolika

зло / добро

ovu / ema

узбуђено / досадно

sisimkwa / udhika

дебело / мршаво

nene / nyembamba

на почетку / на крају

kwanza / mwisho

пријатељ / непријатељ

rafiki / adui

пуно / празно

jaa / tupu

тврдо / мекано

ngumu / laini

тешко / лагано

nzito / nyepesi

глад / жеђ

njaa / kiu

болесно / здраво

mgonjwa / mwenye afya

илегално / легално

haramu / kisheria

паметно / глупо

akili / kijinga

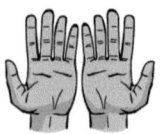

лево / десно

kushoto / kulia

близу / далеко

karibu / mbali

ново / половно

mpya / kutumika

ништа / нешто

kitu / jambo

старо / младо

zee / changa

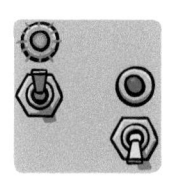

укључено / искључено

waka / zima

отворено / затворено

wazi / fungwa

тихо / гласно

utulivu / kelele

богато / сиромашно

tajiri / masikini

тачно / погрешно

sahihi / kosa

храпаво / глатко

mbaya / laini

тужно / сретно

huzunika / furahia

кратко / дуго

fupi /ndefu

полако / брзо

polepole / haraka

мокро / сухо

nyevu / kavu

топло / хладно

joto / baridi

рат / мир

vita / amani

бројеви
nambari

0
нула
sufuri

1
један
moja

2
два
mbili

3
три
tatu

4
четири
nne

5
пет
tano

6
шест
sita

7
седам
saba

8
осам
nane

9
девет
tisa

10
десет
kumi

11
једанаест
kumi na moja

12

дванаест

kumi na mbili

13

тринаест

kumi na tatu

14

четрнаест

kumi na nne

15

петнаест

kumi na tano

16

шестнаест

kumi na sita

17

седамнаест

kumi na saba

18

осамнаест

kumi na nane

19

деветнаест

kumi na tisa

20

двадесет

ishirini

100

стотину

mia

1.000

хиљаду

elfu

1.000.000

милион

milioni

енглески

Kiingereza

амерички енглески

Kiingereza cha Marekani

мандарински кинески

Kimandarini cha Uchina

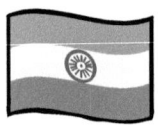

хиндски

Kihindi

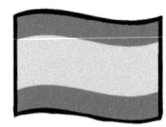

шпански

Kihispania

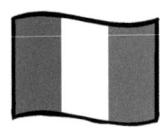

француски

Kifaransa

арапски

Kiarabu

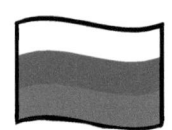

руски

Kirusi

португалски

Kireno

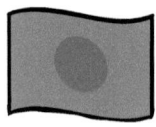

бенгалски

Kibengali

немачки

Kijerumani

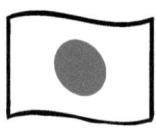

јапански

Kijapani

ja

mimi

ти

wewe

он / она / оно

yeye / yeye / ni

ми

sisi

ви

wewe

они

wao

Ко?

nani?

Шта?

nini?

Како?

jinsi gani?

Где?

wapi?

Када?

lini?

име

jina

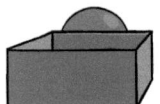

иза

nyuma

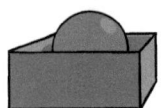

у

katika

испред

mbele ya

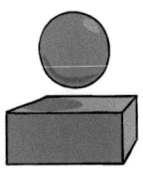

преко

juu ya

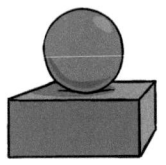

на

kwenye

испод

chini ya

поред

kando

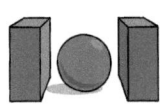

између

kati

место

mahali